Ohne Worte

Es ist Unsinn
sagt die Vernunft
Es ist was es ist
sagt die Liebe

Erich Fried

Marie-Louise Bäckström

Ohne Worte

Liebes- und Lebensgedichte
in chronologischer Folge

Die Deutsche Nationalbibliothek verzeichnet diese Publikation in der Deutschen Nationalbibliografie; detaillierte bibliografische Daten sind im Internet über http://dnb.dnb.de abrufbar.

© 2017 Marie-Louise Bäckström

Illustration: Rüdiger Mattes
Herstellung und Verlag:
BoD – Books on Demand,
Norderstedt

ISBN: 978-3-7448-1721-9

Inhaltsangabe

DIE KEINFRAGE

Warum will
ich dich
umsomehr
wenn du mich
umsoweniger

SELBSTVERSTÜMMELUNG

Ich dachte
so jetzt muss ich heulen
kein Laut
kam heraus

Die Wut machte mich stark
vor allen
Theater zu spielen

statt dich zu beleidigen zu verletzen
zu schlagen
dein Blut zu sehen dich zu töten

Aus Ohnmacht
verwunde
ich mich selbst
etwas stirbt in mir

WUTSCHUTZ

Wenn
die Enttäuschung
dich vor Wut
eiskalt macht

Wenn
der Schmerz
wie eine schleichende
Schlange
sich in deinen Magen
hineinfrisst

solltest du
dem Zorn
dankbar sein

ENDE EINER URLAUBSREISE

Die Luft
wie Glas
VORSICHT
zerbrechlich

Nettigkeit
wie eine
Daunendecke
deckt
die endlose Autobahnfahrt zu
SPIELREGELN EINHALTEN

Jeder schluckt
Enttäuschung
bald ist man
für sich
dann ist der Trug
nicht mehr
gefragt

VERMISSTENMELDUNG

Du warst
ausgeglichen
die ganze Zeit

Deine Augen
leuchteten
zu keiner Zeit

Wir haben beide
gelacht
du warst
offen
dein Verlangen
gut dosiert

Deine Hingabe
- meine Vermisstenmeldung

DUQUELLE

In jedem Gefühlstropfen
aus ersehnter Duquelle
sehe ich
zarten Neuanfang
Zäh
ist die Hoffnung
und
hilflos

UNGELEBT

Worte
die ich mir
und dir
nicht traute
Verlangen
das in mir
zerschrie
Liebkosungen
ungelebt
weil nicht gewagt
fangen mich
binden mich
töten mich
langsam

BLICKTAUSCH

Ich sehe mich
zu klein
zu aggressiv
zu groß
zu lachend
zu dick
zu witzig
zu langweilig

Ich sehe mich
durch deine
Augen

TROTZDEM

Ich suchte deine Liebe
fand deine Zuneigung
Um Liebe
kann
ich nicht betteln
für Zuneigung alleine
bin ich zu schade

Ich überblicke es
und
hänge weiter
an dir

HÄNDEVERGLEICH

Deinetwegen
sind meine Hände
unbeholfen feucht

Wie kommt's
dass deine
ruhig warm
sind

ENDLOSES SPIEL

Du lässt mich
nicht los
oder
lasse ich
die Hoffnung
dass du mich
nicht loslässt
nicht los

Ist schwer
zu verstehen
dass du
mich nicht verstehst
obwohl
du oft betonst
dass ich
dich nicht
verstehe

WIE DER FRÜHLING

Meine Worte
wollen
dich erreichen
wie der Frühling
die Obstbäume

warum
stirbt was
zwischen Gefühlen
und Lippen

ETWAS BLEIBT

Die Einsamkeit
umarmt mich
Die Erinnerung
an die Provence
und
an die Toskana
verblasst

Deine Zärtlichkeit
deine Wärme
suche ich
immer noch
bei anderen

VERSTECKSPIEL

Wenn ich sage
ich brauche die Welt nicht
kann ich ohne sie
nicht leben
Wenn ich sage
du bedeutest mir nichts
kann ich nicht leben
ohne dich
Wenn ich nicht sage
ich liebe dich
liebe ich dich
umsomehr

MÖCHTE

deine Stimme
die nur für mich
erzählt
möchte
deine Wünsche
deine Träume
hören

möchte
sanftes Streicheln
um des Streicheins willen
möchte
deine Haut
an meinem Mund
deine Wärme
an meiner Haut

möchte

so einschlafen

ICH FRAGE MICH

Wo bist du
wenn ich dich
vermisse

woran denkst du
wenn ich an dich denke

lächelst du
wenn ich traurig bin

DEINE AUGEN

Deine Worte
sagen nichts
ohne
deine Augen

Deine Augen
sagen
alles
ohne Worte

LOSGELÖST

Die Platte
läuft
zum neunten Mal
Eine letzte Zigarette
die Kerzen
gehen auf die Neige
spüre
die Wärme
in mir
ist zu viel
zu schön
zu wenig

- Zeit -
Glück ist
ein Augenblick

SATT

Möchte
so viel
mitteilen
zeigen

Die Momente
lassen
alles
unwichtig erscheinen
du
bist genug

NÄCHTLICHE KIRCHENGLOCKEN

Es ist vier
ich denke
an dich
ich schreibe
höre Musik
die Minuten
sind kostbar
meine Augen brennen
ich brenne

GETEILTES

Sonnenuntergänge
mit Campari-Sekt
teile ich gerne
mit dir
Kerzenlicht
und Burgunderwein
Sichverstehen
ohne viele Worte
Nahesein
in Gedanken
oder
Haut an Haut

Auch das Getrenntsein
teile ich gerne
mit dir
da es mir
dann leichter fällt

WEGEN DEINER

Vieles
erlebe ich
durch dich
wegen deiner

Wenn du
begeistert
die Augen zumachst
beim Sonnenuntergang
schaue ich
mit Begeisterung
auf deine
geschlossenen Lidern

Gestern
betrübte mich
der allerschönste
Abendhimmel
weil
nur die Sehnsucht
nach dir
in meiner Nähe
war

DAS WORT LIEBE

Welche Hürde
welche Scheu
das Wort
Liebe
auszusprechen

Hieße
dich
zu bejahen
mich
auszuliefern
zu kapitulieren
vor mir selbst

das zu gestehen
wovor
ich Angst habe

OHNE WORTE

Ich möchte dir sagen
ich liebe dich
möchte dir zeigen
ich liebe dich
deine Haare streicheln
deinem Blick folgen
lauschen wie dein Blut
in dir rauscht

ohne Worte

SPRECHVERBOT

Du sagst
du kannst nicht sagen
ich liebe dich
und dann zu deinen Kindern
und deiner Frau gehen

Warum kann man nicht sagen
ich liebe dich
und trotzdem zu den Kindern
und der Frau gehen

WAS IST FAUL?

Von den Früchten
träumen
aber nur Fallobst
genießen

Ist es besser
die Fäule
die Bitterkeit
die Sinnlichkeit
der gefallenen Früchte
zu nehmen

als den frischen
nachzuhängen

WAS WILLST DU?

Wenn du
mich
ganz willst
musst du
dich
ganz geben

also
welchen Teil von mir
hättest du gerne

NICHT NUR REDEN

Vom ersten Lachen an
habe ich dich geliebt
gelebt

Ich gab dir meinen Ernst
du nahmst

Du sprachst von vollem Leben
ich lebte

Du sprachst vom Geben
ich gab

bis du
mir
entgingst

SELBSTAUFGABE

Ich fange an
wie du
zu denken
fange an
wie du
zu fühlen
sehe mich
wie du
sehe dich
wie du

bin wir

höre auf
ich
zu sein
bis
nichts
mehr

ist

ERINNERUNGSPFLEGE

Eine
von fünf überwinterten
Geranien
lebt stolz
in den Sommer hinein
doppelt gepflegt
und geliebt
wegen der Erinnerung
an unser letztes Jahr

TREFFEN AM KÖLNER DOM

Die Nelke im Knopfloch
wie abgemacht
am Dom um
achtzehnuhrdreiundfünfzig
wie ausgemacht
die Worte
wie abgemacht

ich mache zu
- zu sehr gemacht -

EINSICHT

Ein blauer Schimmer
unter der klaren Haut
deiner Augen
ab und zu
ein Schimmer von Glück
über dein Gesicht

plötzlich
ist mir klar
es ist
nur

ein Schimmer

KEIN ZIMMER FREI

Die Nacht
gezwungenermaßen
im Auto
mein Kopfkissen
ein nasses Handtuch
Mantel und Hemd
decken uns zu
schmetternde Regengüsse
während
wir Sekt trinken
und kichern

Eng aneinander
deine Hand
auf meiner Brust
schlafen wir ein

In dieser Nacht
sind wir uns näher
als
am nächsten Abend
in einem Bett

STATT FRÜHSTÜCK

Du bist heute Morgen
früh weggegangen
hast mich ohne Rücksicht
auf perfekt gebügelte Hosen
mehrmals geküsst
und mein Morgengesicht
zärtlich gestreichelt

In dem fremden Zimmer
bei ungewohntem Nachbarngeräusch
bleibe ich
mit deinem Geruch

DIE FRANKFURTER MESSE

In der fremden Stadt
können wir befangen
voller Erwartungen
nichts sagen
nur
lachen
reden
lachen

Im Kellertheater
beim Knarren der Stühle
beim Hüsteln des Publikums
begrüßen sich
unsere Hände

Erst viel später
müde vom Verstecken
finden wir zu einander
Am Morgen trennen wir uns
ohne wann
zu fragen

ANSTARRENDE OHREN

Ich will
so vieles
ausdrücken

das Papier
starrt mich an

Ich will
so viele Gefühle
leben

das Papier
starrt mich an

wo ist das Auge
das mich hört
wo ist das Ohr
das mich
nicht
so anstarrt

FREUNDSCHAFT

Wenn ich mich
verliere
hältst du mich

du kannst mir
nicht helfen

hilfst
indem du es
versuchst

OHNE

Ohne
das Vergangene
wäre
diese Gegenwart
nicht

ohne
diese Gegenwart
wäre
meine Zukunft
eine
andere

HIN- UND HERGERISSEN

Die Realität
reißt mich
zusammen
reißt mich
entzwei
der Traum
reißt mich hin

UNRUHE

Ich bin
beunruhigt
von dem
was ich
bei dir suche
aber nur
bei mir
finden kann

WENN…

Wenn
wenn
angenommen
vielleicht
und überhaupt
wäre,
wäre
vermutlich
das meiste
wahrscheinlich
nicht
viel anders

ÜBERFLÜSSIGER RATSCHLAG

Die Alte
fasst mich liebevoll
fast gierig
an die Wangen
drückt mich
sagt mir:
genieße den Augenblick

merkt sie nicht
ich tue es gerade

ANTWORT

Manchmal
brauche ich
die Rose
die Kerze
eine Zigarette
und glaube
es gibt
eine Antwort

Manchmal
brauche ich
keine Rose
keine Kerze
und weiß
es gibt
keine
Antwort

DIE GANZE GESCHICHTE

Verlieben
Verschmelzen
Verstehen

Zerlegen
Zerreden
Zerstören

Vergessen
Verstanden
Verziehen

Warum
lächelt die Welt
so großzügig

Warum
sind überall
liebenswürdige Gesichter

Warum
entdecke ich
diesen Farn
vor meinem Fenster

Warum
bügle ich
mit Liebe
jede einzelne Falte

ICH BIN VERLIEBT

ROSENBLÄTTER

Rosenblätter
riechen lange
nachdem sie
abgefallen sind

Gefühle
schmerzen lange
nachdem man
glaubt
sie nicht mehr
zu haben

BLICKTANZ

Ich schaue gerne Leute
in die Augen
verschmitzt
lächelnd
erforschend
übermütig unsicher
selten liefere ich mich
in diesem Blicktanz aus

In der Nacht
als ich mich
in deine Augen
verlor und entdeckte
war ich
nackt
und schwer vor Liebe

ZU HOHE ERWARTUNGEN

Nach meinem Examen
fragte ich mich
ratlos
sollte das alles sein

Nachdem wir endlich
zusammengekommen sind
frage ich mich
ratlos
ist das alles...

Beim Öffnen der Autotür
verstehe ich
leicht habe ich mir
mein Leben gemacht
wie Sonntagsausflug
Lachen
oder Zirkus
Beziehungen zum Reinbeißen
knusprig
frisch
Hunger stillen
dann weggehen

BEIM ÖFFNEN DER AUTOTÜR

VERSPÄTETE URLAUBSGRÜSSE

Ich fahre dir nach
zum schwarzen Dorf
im Süden
nachts treffen wir uns
voll Flitterwochengefühlen
am verlassenen Bahnhof

Wieder steigst du
rasch
die steilen Treppen
der Himmelsleiter hinunter
lässt mich
im Wolkendunst
unbeholfen suchen

Nach unserer Rückkehr
-im Gefühlsvakuum¬
erreicht mich deine Ansichtskarte
vollgekritzelt mit fiebriger
Regenbogensehnsucht

REINIGUNGSDIENST

Ich bin ein Waschbrett
wogegen du deine Gefühle
reibst
rasch
schonungslos
Mit klarem Wasser
wischst du
nachher
jede Spur
jeden Rest deiner
weg

alles sauber

TATSACHE

Aus Liebe
verweigert zu werden
ist nicht weniger schmerzhaft
als aus nicht Liebe
verweigert zu werden

GERIATRIKUM

Jeder Mensch
-ein Schicksal¬
Jede Begegnung
-eine Erfahrung¬
Mancher Abschied
-ein kleiner Tod¬

Ich müsste wohl
meine Begegnungen
Erfahrungen
und Abschiede
reduzieren

um länger zu leben

TRAUMDEUTUNG

Ich will dich
als Traum
In Wirklichkeit
will ich nur
den Traum

AN MARIANNE FAITHFUL

Eine Stimme
fast keine mehr
formuliert nur halb
schluckt jede Endung
bricht
überschlägt sich
stockt
berührt mich seltsam
in ihrer Hoffnungslosigkeit

einstimmig
gehe ich ein Stück mit

GRÖSSER ALS DU

DU erzählst
vom Parfum deiner Jugendliebe
wie der Geruch
dir immer noch
zusetzt
du schwärmst
vom aufgesteckten Haar
deiner Jugendliebe
ihrer Körpergröße
für dich massgeschnitten

neutral lächelnd
gleich groß wie du
mit Naturlocken
in den kurzen Haaren
eingehüllt in meinem
Lieblingsduft
höre ich dir wütend zu

EINMALIGER AUGEN-BLICK

Kinn auf Ellenbogen
tief im geflickten Sessel
gabst du mir
ergabst du
dich

Nie zuvor
nie nachher
sah ich
solche Nacktheit
solche Seelenaugen

DIE KONSEQUENZ

Doch, doch
ich merke
wie langsam
aus dem Verliebtsein
unsere Liebe entsteht

aber
muss das Verliebtsein
in unserer Liebe
untergehen

UNTER PREIS

Es heißt:
man darf sich
nicht unter Preis
verkaufen.
Und wenn man
den Preis
nicht kennt?

WIE DIE JAHRESZEITEN

Du versprachst
mein Frühling zu werden
ich zog frühlingsberauscht
mit dir in den Sommer
Nach unseren Träumen
blieb der Herbststurm
der turnusgemäß
in Winterkälte
endete

GALAXIS

Am Sternenhimmel erblickten wir den großen
Wagen
stritten uns wegen des Polarsterns
schauten durch die Lichter
sahen nur uns
am Morgen war
ich Venus
du Orion

GEDANKENORGIE

An dich denken
ist wie
Pfannkuchenschmaus
mit Blaubeeren und Sahne
wie Haarewaschen in Regenwasser
wie Reinkriechen in ein frischbezogenes Bett
wie Achterbahnfahren
wie vor einer Prüfung
und danach

ABSCHIED

Es war richtig
meinem Wunsch nachzugeben
es war gut nachts
zu dir
auf leeren Autobahnen
zu fahren
es tat gut
dein Desinteresse
zu spüren
es war gut
unter Gefühlsschutt
nichts mehr zu finden

DANKBAR

Seitdem wir uns
nicht mehr sehen
atme ich freier
ist mein Rucksack
zentnerleichter
ermüdet mich
das Warten
nicht mehr
sitzen mir
meine Sehnsuchtskrallen
nicht länger
im Nacken
erreicht das Lachen
meine Augen
Ich habe dir
viel zu verdanken

FRAGEZEICHENGEFÜHL

Ich bin nicht verliebt
aber
du bist meine
Eingebettet-in-Watte
keine-Angst-vorm-Fallen-
Liebe
Ich bin nicht verliebt
aber
du bist mein unersetzlicher
Gedanken Begleiter-Freund¬Geliebter
Ich bin nicht verliebt
aber

MANCHMAL

Manchmal
ist die Ehrlichkeit
zu viel
ist unsere Nähe
zu belastend
bin ich mir so nahe
bist du mir so nahe
dass ich du bin

DIE KIRCHE

Im schmetternden Regen
weiß mit Pilzdach
steht sie da
touristenentseucht
karg und schlicht
mitten im tropfenden
Frühlingsgrün ein Spiel aus
Licht und Schatten

Ronchamp

WARTEZEIT

Mach alle Lichter aus
ich habe den ganzen Tag
auf die Nacht gewartet

mach alle Lichter an
ich warte die ganze Nacht
auf den Tag

POTENZIERT

Ich prüfe die Akustik vom Predigtstuhl
gregorianische Gesänge strömen mir entgegen

Ich gehe einige Schritte gegen den Altar
Getrampel eines Heeres echot im Schiff

Ich sehe die gelbliche Opferkerze am Taufbecken
Kometen mit Feuerschwänzen schießen in meine
Augen

Ich denke an dich und siehe
ein Gott erscheint

STILLE NACHT SCHWERE NACHT

So stille ist die Silbernacht
so schleppend die Stunde
so schwarz die Schattenwand
so stark die Sehnsuchtswunde
so steinern die starre Hand
um mein Herz

SOMMER

Tau schimmert
nassgrau im Gras
die Schritte hinterlassen
dunkelblaue Spuren
deine Füße tragen Wasserperlen
die Hände Anemonen
deine Lippen Brombeerrot
die Augen grüne Liebe

KAWASAKI

Im Traum
verliere ich ständig
die Perle meines Ringes
wird der Asphalt
zu schlüpfriger Eispiste
tragen meine Freunde
meine Last
gebe ich Gas
und fahre
Herz an Herz
mit dir
in die Zukunft

URLAUBSTRENNUNG

Ich trage deine letzte Umarmung
als kostbaren Schmuck um den Hals gelegt

Ich öffne die Schatztruhe
der aufbewahrten Koseworte
lausche sie als Prolog
oder Epilog des Tages

Ich tausche jeden Morgen
den Pfefferminzgeschmack
der Zahnpasta
gegen deinen Morgenkuss

Ich fliege mitten in der Nacht
unter dein Kopfkissen
wärme mich an deine Haut
höre dein Atem

Ich vergesse dich
mitunter damit
du deine Ruhe hast

MEINE HEIMAT

Im Erdbeerland flirte ich
mit dem sonnenfaltigen Bauern
roter Erdbeersaft klebt an meinem
Handrücken
ich renne auf schwingenden
Nadelteppichen
schwindlig von
Pilz- und Kleegeruch
streife die Kornfelder
die sich ziehharmonisch
mit dem Wind paaren
sprenge vom
Kindheitsfelsen
die schwarze Oberfläche
der See bleibt den ganzen Tag
in meinem Ohr

am Abend
erschrecke ich
vor der Schlange
an der Kellertür

AN CHARLIE PARKER

Nachtschlaf nur
auf dem Hintersitz
unzähliger Taxis
durch Drogen
Alkohol
Sex
selbstverbrannt

heute spricht man
romantisch
von seiner Heimatlosigkeit
und spielt
nostalgisch
"embraceable you"

UNBEZAHLBAR

Ich schenke dir
den morgigen Tag
die Sonne
meinen roten Wein
beharre auf
lebenslänglich
in deiner Schuld

DRAUSSEN REGNET ES

In deinem Büro
unter Kohl- und Che Guevara Plakaten
sagst du unter dem Schreibtisch
ich liebe dich
und draußen regnet es

REQUIEM

Seitdem die Woge
seiner Gleichgültigkeit
sie ertränkte
ihren Stolz
durchlöcherte
den Herzklumpen
niedermetzelte
spielt sie ein Mollleben
am Geigenbogen
den Trauerflor

SIEBEN SOMMERSPROSSEN

Gestern bin ich wieder
tot aufgewacht
im Spiegel starrte
mein Kopf aus Pappmache
an meiner Hand baumelte
ein Bündel Finger
in der Pulsstille
täuschten nur sieben Sommersprossen
etwas Leben

FÜR KENNER

Kennst du die Ecke
am Elisabethentor
wenn schläfrige Sonnenfinger
über den Ottheinrichsbau
streichen

Kennst du den warmen
Flecken Rasen
hinter dem moosigen Vater Rhein
wo die Sonne mittags
neben dir sitzt

Kennst du die feine
nachtlaue Strähne
Fliederduft längs
der Scheffelterasse
da vor dem Gingo Biloba

Kennst du die weiße
Wattewolke die
nachtschwanger sich
vom Neckar löst
um auf halber Höhe
zwischen Heiligenberg
und Hackteufel
weiterzusegeln

dann kennst du
meine Perle

AN J. WAHLVERWANDTSCHAFT

In meiner Küche
steht ein Waldblumenstrauß
der Heimat, Geborgenheit
stiller Aufmerksamkeit
und unendlich viel mehr
duftet

ich danke dir